SENDERO

Spanish for a Connecte

Writing Proficiency Workbook

VISTA
HIGHER LEARNING

ISBN: 978-1-68005-309-8

1 2 3 4 5 6 7 8 9 BB 22 21 20 19 18 17

Table of Contents

Preface

Enhancing Writing Skills

The goal of the *Writing Proficiency Workbooks* that accompany **Senderos** is to put the skill of writing at the forefront and to hone writing skills and confidence, building in a progressive manner from word- and sentence-level production in **Senderos 1** up to full-length essays and presentation writing in **Senderos 5**.

Sequencing and Pacing

Each workbook has been carefully sequenced pedagogically in order to provide guidance in the many facets of writing, including how to make appropriate word choices, write well-crafted sentences, organize cohesive paragraphs, and sequence information chunks logically. Grammatical structures studied in the **Estructura** sections of each lesson are supported with additional practice, review, and recycling beyond the scope of the apparatus found in both the textbook and the *Cuaderno de práctica*.

Writing-specific strategies are introduced and practiced in the *Writing Proficiency Workbooks*. These strategies, which are additional to those presented in the main text, are designed to strengthen skills already acquired in traditional English or language arts courses. As a whole, they focus on information germane to writing in any academic field, although some focus specifically on differences between the grammar, syntax, and stylistics of Spanish and English. These strategies include, creating simple sentences, scaffolding to create complex and compound sentences, brainstorming, freewriting, paraphrasing, summarizing, and many more.

The five levels of *Writing Proficiency Workbooks* coordinate with the American Council on the Teaching of Foreign Language's writing proficiency guidelines. Each level includes writing tasks specified by ACTFL as corresponding to the following proficiency levels:

Senderos 1	Novice Low to Novice High
Senderos 2	Intermediate Low, Intermediate Mid
Senderos 3	Intermediate Mid, Intermediate High
Senderos 4	Intermediate High, Advanced Low
Senderos 5	Advanced Low, Advanced Mid

Note that these proficiency designations refer to the writing tasks outlined by ACTFL, and not necessarily to the complete mastery of the task at that level. Students' abilities to complete these tasks will vary, and the grading rubrics found in the level answer keys provide more information about how to evaluate the mastery of a given writing task.

In accordance with the ACTFL guidelines for World-Readiness Standards for Learning Languages, most of the activities found in the *Writing Proficiency Workbooks* cue students in English to avoid providing key vocabulary or structures that might inform student production.

Focusing on the Writing Genres

Assignments created for the *Writing Proficiency Workbooks* represent writing in a variety of genres found in many real-world scenarios, gradually moving from personal writing (with which beginning students are more comfortable) to more academic and professional tasks. The goal is to promote confidence in writing production by first focusing on low-stakes subjects that are familiar and interesting. The activities then move toward more purposeful academic writing: summarizing readings, critiquing and expressing opinions, persuading, and producing presentational texts based on research. By the end of **Senderos 5**, writing tasks include producing an essay of several pages, thus moving beyond mastery of the once-revered five-paragraph essay template to more open-ended, thought-driven writing.

Tying Reading to Writing

Some of the exercises in the *Writing Proficiency Workbooks* involve summarizing readings found in the **Senderos** textbook. Summarizing is a writing skill that is useful across the curriculum, both in this course and in future language courses. In relation to the **Cultura** readings, for instance, writing tasks may involve first producing a summary of a sentence or two and progressively building toward writing a paragraph-length summary of the reading. Summarizing activities may be adapted to individual courses, expanding upon the apparatus provided here so as to pertain to other level-appropriate readings that students may locate in novels, newspapers, or online.

Integrating Individual and Collaborative Writing

Though the focus of the *Writing Proficiency Workbooks* is individual writing, there are many opportunities for pair and group collaboration as well. Many students find sharing their writing to be an embarrassing, intimidating, or unthinkable task; however, collaborative writing has become a much-sought-after skill in the job market, and students need to develop a "comfort zone" with such collaborative tasks. To this end, we have included activities that lend themselves to peer-reviewing and peer-editing practice, as well as one overtly collaborative writing exercise per lesson in all levels except Level 1, where the writing tasks are too basic for consistent collaboration. The early collaborative activities help foster sharing with peers. When instructors feel the time is right for higher-stakes sharing, any of the writing apparatus can be assigned for peer-reviewing or peer-editing.

1 **Repaso** ETAPA 1: Estas preguntas repasan lo que ya aprendiste. Contéstalas con oraciones completas.

1. ¿Quién es la persona más inteligente que conoces? _____

_____

2. ¿Qué te fascina? ¿Qué te aburre? _____

_____

3. ¿Fuiste a alguna fiesta recientemente? ¿Lo pasaste bien? _____

_____

4. ¿A quién conociste el año pasado? _____

_____

5. ¿Sabes buscar información en Internet eficientemente? ¿Qué tipo de información buscas

a menudo? _____

_____

6. ¿Qué no te gustaba hacer cuando eras niño/a? _____

_____

7. ¿Dónde se encuentran tú y tus amigos? ¿Qué hacen allá? _____

_____

8. ¿Qué te prohíben tus padres que hagas? _____

_____

9. ¿Qué quiere tu profesor(a) de español que hagan los estudiantes? _____

_____

10. En tu teléfono, ¿cuál es tu aplicación favorita? ¿Por qué? _____

_____

11. ¿Qué hiciste ayer por la mañana? _____

_____

12. ¿Tienes una computadora portátil? ¿Una tableta? ¿Se la prestas a alguien alguna vez? ¿Por qué?

_____

_____

_____

ETAPA 2: Escribe dos o tres hechos que recuerdas sobre los siguientes países hispanohablantes.

1. Perú _____

   _____

2. Guatemala _____

   _____

3. Chile _____

   _____

4. Costa Rica _____

   _____

5. Argentina _____

   _____

6. Panamá _____

   _____

2   **Sopa de letras** Para repasar el vocabulario de **Senderos 2**, busca las 25 palabras escondidas en la cuadrícula a continuación. Pueden ser horizontales, verticales o diagonales. Cuando encuentres una palabra, dibuja un círculo alrededor de ella. ¡Buena suerte!

N	C	I	R	O	M	P	E	R	B	O	C	H	E	A
Z	A	N	A	H	O	R	I	A	V	É	F	O	P	M
A	R	V	G	R	Y	M	T	M	E	J	O	R	E	E
V	A	I	I	O	Á	H	Q	E	Ñ	P	X	N	L	N
E	M	T	O	D	D	T	U	R	D	E	Ú	O	L	U
S	E	A	N	I	A	G	E	E	V	S	B	D	Í	D
T	L	D	E	L	S	D	I	N	O	C	J	E	F	O
I	O	O	G	L	Ñ	X	H	D	E	A	S	M	L	A
R	P	Ú	N	A	D	I	E	A	U	D	G	I	A	P
S	É	A	C	D	B	Y	Á	R	N	O	O	C	V	A
E	S	P	E	J	O	Z	M	T	F	L	I	R	A	G
V	Ó	L	Q	U	A	S	P	I	R	A	D	O	R	A
F	J	C	O	N	S	U	L	T	O	R	I	O	S	R
Z	S	O	L	T	E	R	O	V	C	N	T	N	E	T
S	A	L	U	D	A	R	S	E	X	Í	J	D	Z	Y
B	H	N	L	M	S	T	A	R	R	O	B	A	Ñ	S
A	C	E	I	T	E	C	O	C	I	N	A	S	G	Ó

PISTAS

1. nombre del símbolo @
2. despacho (*office*) de un médico
3. recalienta (*reheats*) la comida muy rápidamente (tres palabras)
4. el más bueno = el _____
5. no casado
6. vegetal anaranjado
7. con frecuencia = _____ (dos palabras)
8. limpiarse con agua y jabón
9. decirse "Hola" el uno al otro
10. el flan de _____
11. ponerse ropa
12. el 25 de diciembre
13. articulación de la pierna
14. el atún o el salmón, por ejemplo
15. cuchara, cuchillo, _____
16. lo opuesto de **arreglar**
17. lo que revisas en un coche
18. quien asiste a una fiesta
19. mueble en que puedes ver tu reflejo (*reflection*)
20. lo opuesto de **prender**
21. lista de los platos que sirve un restaurante
22. cuarto donde encuentras el refrigerador
23. ninguna persona = _____
24. la pasas para limpiar una alfombra
25. comer algo ligero (*light*) entre comidas

---

3 **Las letras revueltas** Las siguientes palabras de vocabulario tienen las letras revueltas. Ordena las letras correctamente y, al final, escribe las letras numeradas en las casillas que les correspondan para descifrar (*decipher*) el consejo.

1. **ORCTUSOMEI**

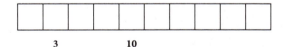

    3   10

2. **ODUCIRÍL**

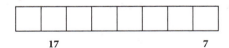

    17   7

3. **AZERLATUNA**

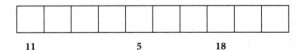

  11   5   18

4. **GOTLESIOCA**

  14   9

5. **ÁTLISOPC**

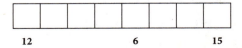

  12   6   15

6. **CUDRERI**

		4		8		

7. **RIGENOOB**

		13	16				19	

8. **RAEIBH**

1				2	

Consejo: Como la serpiente le dijo al pato de la fábula, es mejor que domines (*master*) una habilidad más que

1	2	3	4	5

6	7	8	9

10	11

12	13	14	15

16	17	18	19

---

4 **Repaso: Estrategias para mejorar las oraciones que escribes** En Senderos 2, aprendiste y practicaste distintas estrategias para ayudarte a escribir oraciones más detalladas y más informativas. He aquí un resumen breve de aquellas estrategias:

- Los detalles descriptivos hacen que tus oraciones sean más interesantes. A comparar:

    con adjetivos: La fábrica consume energía.
    Esa fábrica **ecológica** consume solamente la energía **solar**.

    con adverbios: Los dos partidos resolvieron el problema.
    A regañadientes (*Grudgingly*), los dos partidos resolvieron respetuosamente el problema.

- Debes evitar las palabras vagas y los verbos comunes.

    mediocre: El chico fue a la jungla.

    mejor: **El estudiante de antropología hizo una expedición** a la jungla.

- Usa una frase preposicional o un pronombre relativo para agregar (*to add*) detalles e información.

    con preposición: Mi gata Salomé se escondió (*hid*) **por** debajo de la cama.

    con pronombre relativo: Salomé, **quien** siempre me acompaña cuando estoy sola en casa, es mi gata y la quiero mucho.

- Combina dos oraciones relacionadas en una oración compuesta. Por lo general, las oraciones se juntan mediante el uso de una conjunción: **y**, **o**, **pero**, **porque**, **mientras**, **cuando**, **si** y **sino que**.

   El Club Hispano planea un viaje a Bogotá, **pero** mis padres me prohíben que vaya.

   Tere plantaba flores en el jardín **mientras** su esposo miraba el partido en la tele.

- Es mejor que varíes la longitud de tus oraciones para prestarle un ritmo más interesante a tu texto. El texto a continuación consta de dos oraciones de longitud media y una muy corta.

   No tuve suficiente tiempo para investigar a fondo (*in depth*) el tema de nuestra presentación. Además, a Carlos se le olvidó el póster que diseñamos y Lisa estaba ausente ese día. ¡Fue un desastre!

Si empleas una variedad de estrategias para mejorar y variar tus oraciones, los párrafos, los cuentos y los ensayos que escribes van a ser mejores.

PRÁCTICA: A las oraciones siguientes les faltan detalles y algunos son imprecisos y difíciles de comprender. Escríbelas de nuevo, agregando tus propias ideas para que sean más interesantes y más informativas. Si es necesario, escribe más de una oración.

1. Nos gusta el lago. _____

   _____

   _____

2. Es ridículo que tengamos que hacerlo. _____

   _____

   _____

3. Manolo y Brigitte alquilaron un apartamento. _____

   _____

   _____

4. ¡Se le perdió el teléfono! _____

   _____

   _____

5. No creían en el calentamiento global. _____

   _____

   _____

6. Ellos asistieron a una conferencia. _____

   _____

   _____

7. ¿Hablabas inglés o español? _____

   _____

   _____

8. No había nadie allá. _____

_____

_____

9. Quería preparar arroz con pollo. _____

_____

_____

10. Vamos a terminarlo muy pronto. _____

_____

_____

11. Mi gato durmió en el patio. _____

_____

_____

12. La jugadora se lastimó. _____

_____

_____

13. Rebeca y Juan no se abrazaron. _____

_____

_____

14. Ya está contaminado. _____

_____

_____

15. Gabriela chatea con un enfermero. _____

_____

_____

16. Su taller está en esa calle. _____

_____

_____

17. Darren compró unos muebles. _____

_____

_____

18. Reducían el uso de los plásticos. _____

_____

_____

19. Los niños se ensuciaron la ropa. _____

_____

_____

20. Quiero que lo arregles. _____

_____

_____

_____

5 **Antes y después** En cada grupo, lee la oración **B**. Luego, escribe una oración **A** que podría (*could*) preceder la oración **B** y también otra **C** que podría seguirla. Sigue el modelo.

> **modelo**
> **A.** Roberto debe tener más cuidado cuando está solo en casa.
> **B.** Muy tarde una noche alguien tocó (*knocked*) a la puerta.
> **C.** Sin mirar por la ventana, Roberto abrió la puerta.

1. **A.** _____

_____

B. Por eso unos estudiantes ecologistas iniciaron un programa de reciclaje.

C. _____

_____

2. **A.** _____

_____

B. Sofía dejó de comer pasteles, chocolate, helado y galletas.

C. _____

_____

3. **A.** _____

_____

B. No había ninguna estrella en el cielo esa noche.

C. _____

_____

4. A. _____

_____

B. No les gustaba nada (*at all*) trabajar en una fábrica.

C. _____

_____

5. A. _____

_____

B. ¡Es extraño que mis vecinos tengan una vaca como mascota (*pet*)!

C. _____

_____

6. A. _____

_____

B. Con el tiempo (*Eventually*) decidieron buscar otra solución.

C. _____

_____

7. A. _____

_____

B. Los muchachos tenían que arreglar su cuarto y recoger sus juguetes (*toys*).

C. _____

_____

8. A. _____

_____

B. La profesora no quiere que escribamos un informe (*report*) muy largo.

C. _____

_____

9. A. _____

_____

B. No obstante (*Nonetheless*), Pablo piensa ir a la fiesta sin que sus padres lo sepan.

C. _____

_____

10. **A.** _____

_____

B. Irene dijo que Medellín es la capital de Colombia.

C. _____

_____

6 **Estrategia: Cómo escribir un párrafo** You've spent considerable time working on how to make your sentences stronger, more descriptive, and more informative. Now, you're ready to move on and string those sentences together in an organized paragraph.

Think of a paragraph as a house: It has to be constructed in a series of steps. When building a house, you don't just show up to a vacant lot one day and start cutting boards, nailing up walls, and sticking windows and doors wherever. You have to have a blueprint or a plan. The same is true with a paragraph.

The following steps describe how to construct a well-written paragraph. It might seem like a lot of work to follow a plan for something as "simple" as writing a paragraph. But just like learning to cook, skateboard, or speak a new language, the more you practice the steps, the easier the task becomes and the better you become at doing it.

- **¿Cuál es el tema principal del párrafo?** Write down the *main idea* of the paragraph.

- **¿Para quién voy a escribir?** First decide who your *audience** (your readers) will be. This will affect the content you choose as well as how you present that content.

- **Anota las ideas y los detalles relevantes.** You can *brainstorm* and *organize ideas* for your paragraph in several ways, such as with a mind map (**un mapa de ideas**) or a list. Jot down anything you can think of. There are no bad ideas at this stage.

- **Elige las mejores ideas y detalles.** Cull out the *three or four best ideas* to present in your paragraph. They will form the body of the paragraph (**el cuerpo del párrafo**).

- **Escribe la oración principal.** With your ideas decided, write a draft (**borrador**) of a *topic sentence* for your paragraph. The topic sentence will typically be the first sentence of the paragraph, and it gives readers an idea (a blueprint) of what the paragraph is about and what sort of information will follow.

PRÁCTICA: Lee **En detalle: ¡Los Andes se mueven!** en **Lección 1** de **Senderos 3** (p. 24). Luego anota la siguiente información acerca de la lectura.

1. **a.** Tema principal del primer párrafo: _____

_____

b. Ideas/detalles importantes del párrafo: _____

_____

_____

c. Oración principal: _____

_____

*Review the **Escritura** section in **Lección 1** of **Senderos 3** on page 42 for more about audience.

2. **a.** Tema principal del segundo párrafo: _____

_____

b. Ideas/detalles importantes del párrafo: _____

_____

_____

c. Oración principal: _____

_____

_____

3. **a.** Tema principal del tercer párrafo: _____

_____

b. Ideas/detalles importantes del párrafo: _____

_____

_____

c. Oración principal: _____

_____

_____

7 **La oración principal** Cada grupo de oraciones forma el cuerpo de un párrafo. Para cada grupo, lee las oraciones y escribe dos versiones de una oración principal que lógicamente pueden iniciar el párrafo.

1. **a.** Primero, tuvimos que barrer las aceras (*sidewalks*) y recoger toda la basura.
   b. Pusimos las latas (*cans*) de aluminio en un recipiente y las botellas en otro.
   c. Otros voluntarios arreglaron las bancas (*benches*) dañadas, y dos señores se encargaban de cortar el césped.
   d. Al final del día todos estábamos cansados pero contentos.

   Oración principal 1: _____

   _____

   Oración principal 2: _____

   _____

2. **a.** Un muchacho de siete u ocho años estaba parado (*standing*) en la esquina, llorando.
   b. La Sra. Velázquez lo reconoció, era Miguelito Juárez.
   c. El chico no vivía muy lejos de allá.
   d. Pero, ¿qué le molestaba? ¿Por qué lloraba?
   e. Y de repente se dio cuenta (*she realized*) que Miguelito había perdido (*had lost*) su perro.

Oración principal 1: _____
_____
_____

Oración principal 2: _____
_____
_____

3. **a.** Por suerte, el recepcionista nos podía ofrecer otras dos habitaciones.

   b. Eran dos suites, pero el gerente consintió cobrarnos (*charge us*) el costo de dos habitaciones ordinarias.

   c. Además, nos dio dos películas gratis y un cupón de cien pesos para el restaurante.

   d. Al fin y al cabo (*All in all*), su error nos benefició grandemente.

   Oración principal 1: _____
   _____
   _____

   Oración principal 2: _____
   _____
   _____

4. **a.** Las farmacias generalmente tienen horarios comerciales, pero hay farmacias de guardia que quedan abiertas las 24 horas del día.

   b. Se indican a menudo por una cruz verde encendida, que simboliza que sus servicios están disponibles.

   c. El farmacéutico puede recetar algunas medicinas y darles a los clientes consejos de tratamiento.

   d. Pero atención: A diferencia de las farmacias norteamericanas, las del mundo hispanohablante a veces no venden productos como champú, pañales (*diapers*) y maquillaje.

   Oración principal 1: _____
   _____
   _____

   Oración principal 2: _____
   _____
   _____

8 **¿Cuál es el tema de este párrafo?** Lee cada oración principal y escribe tus ideas sobre lo que trata el párrafo que empieza con ella. Haz que tus ideas sean específicas.

1. Aunque muchos turistas son atraídos por las islas tropicales y sus playas irresistibles, Bogotá también tiene mucho para entretener al viajero perspicaz (*discerning*).

   ¿Qué tipo de información vas a encontrar en este párrafo?

   _____
   _____
   _____
   _____

2. Una persona que admiro mucho es mi tía Celia.

   ¿Qué tipo de información vas a encontrar en este párrafo?

   _____

   _____

   _____

   _____

3. Entre las multitudes de comidas disponibles en los supermercados modernos, el humilde huevo
   es una de las más nutritivas y más versátiles.

   ¿Qué tipo de información vas a encontrar en este párrafo?

   _____

   _____

   _____

   _____

4. Las universidades estadounidenses ofrecen más cursos de los que se pueden imaginar, y a veces los
   más útiles no son materias académicas.

   ¿Qué tipo de información vas a encontrar en este párrafo?

   _____

   _____

   _____

   _____

9 **El párrafo descriptivo** En esta actividad, vas a seguir los pasos descritos en la Estrategia
anterior para escribir un párrafo descriptivo. Es importante que comprendas todas las etapas
a continuación. Si no comprendes algo o tienes dificultades para completar cualquier parte de
esta actividad, pídele ayuda a tu maestro/a. Tu audiencia (tus lectores) son tu maestro/a y tus
compañeros de clase.

ETAPA 1: Decide cuál será el tema principal de tu párrafo. ¿Qué vas a describir? ¿Un objeto?
¿Un lugar? ¿Una fiesta o un evento importante? ¿Un fenómeno natural?

Tema principal: _____

_____

ETAPA 2: Anota las ideas y los detalles relevantes al tema que escogiste. ¿Qué información
debes incluir en tu párrafo?

_____

_____

_____

_____

_____

_____

ETAPA 3: Elige las cuatro o cinco mejores ideas y detalles de la **Etapa 2**. Luego, escribe una oración completa para cada idea. Estas oraciones expresan los detalles que sustentan (*support*) el tema del párrafo.

_____

_____

_____

_____

_____

_____

_____

_____

_____

_____

_____

ETAPA 4: Escribe la oración principal. Recuerda que esta oración tiene que indicar claramente la idea central del párrafo: ¿Qué describes y por qué lo describes? **¡Atención!** Es posible que puedas adaptar una de las oraciones de la **Etapa 3** para servir de oración principal.

Oración principal: _____

_____

_____

ETAPA 5: Como paso final, ordena las oraciones que escribiste en las **Etapas 3 y 4** para formar un párrafo descriptivo. Empieza con la oración principal y asegúrate que el orden de los detalles tenga sentido (*make sense*). Cuando lo termines, consulta la lista de revisión en las páginas 81–82 para ayudarte a realizar las correcciones necesarias.

_____

_____

_____

_____

_____

_____

_____

_____

_____

_____

_____

_____

_____

_____

_____

_____

_____

_____

_____

_____

10 **Asociaciones** ETAPA 1: Lee los siguientes temas y escribe algunas palabras y frases que relacionas con cada uno. El propósito de esta actividad es generar ideas y descubrir tus conocimientos y opiniones acerca de ellos.

1. el cambio climático _____

_____

_____

_____

_____

_____

_____

2. es (fácil / difícil) escribir bien _____

_____

_____

_____

_____

_____

3. reutilizar las cosas desechadas (*discarded*) _____

_____

_____

_____

_____

_____

ETAPA 2: Basándote en las ideas que anotaste en la **Etapa 1,** escribe cuatro o cinco oraciones completas sobre cada tema.

1. el cambio climático _____

_____

_____

_____

_____

_____

_____

_____

_____

2. es (fácil / difícil) escribir bien _____

_____

_____

_____

_____

_____

_____

_____

_____

_____

_____

3. reutilizar las cosas desechadas _____

_____

_____

_____

_____

_____

_____

_____

_____

ETAPA 3: Escoge un grupo de oraciones de la **Etapa 2** y conviértelas en un párrafo coherente. Si es necesario, repasa la estrategia **Cómo escribir un párrafo** (p. 9) antes de que comiences. Escribe una oración principal y ordena tus oraciones lógicamente. Cuando lo termines, intercambia cuadernos con un(a) compañero/a de clase. Consulta la lista de revisión en las páginas 81–82 para ayudarte a hacer comentarios constructivos sobre el borrador de tu compañero/a. Después, discute los comentarios con él/ella.

_____

_____

_____

_____

_____

_____

_____

_____

_____

_____

_____

_____

_____

_____

_____

_____

_____

_____

_____

_____

_____

_____

_____

_____

_____

_____

_____

ETAPA 4: Ya es hora de escribir la versión final de tu párrafo. Puedes hacer los cambios o las correcciones sugeridas por tu compañero/a. Tu párrafo debe de estar bien organizado y revelar tus pensamientos y opiniones sobre el tema que escogiste.

_____
_____
_____
_____
_____
_____
_____
_____
_____
_____
_____
_____
_____
_____
_____
_____
_____
_____
_____
_____
_____
_____
_____
_____
_____
_____
_____
_____
_____

1 **Crucigrama** Completa el crucigrama con palabras de vocabulario de esta lección.
¡Atención! Las letras mayúsculas (*uppercase*) no suelen llevar acento, por eso no están incluidos en la solución.

HORIZONTAL

1. Los Sandoval pidieron un ____ para comprar un coche.
3. no doblar = seguir ____
6. ¿Qué pasa? = ¿____? (dos palabras)
9. donde echas una carta
12. algo que tienes que hacer
13. Busco un café que no ____ muy temprano.
14. en efectivo = ____ (dos palabras)
16. sinónimo de **envía**
18. No es tuyo; lo pediste ____.
19. Cuando escribes tu nombre en un formulario, está ____.
21. La escribes en el sobre.
23. en el otro lado (*side*) de la calle
24. vende galletas dulces y tortas
25. río venezolano

VERTICAL

1. donde compras camarones, por ejemplo
2. Donde dos calles se cruzan, hay una ____.
3. lo opuesto de **sacar dinero de una cuenta**
4. norte, sur, ____ y oeste
5. Es posible escribir cheques si tienes una ____. (dos palabras)
7. lugar para carros
8. lo opuesto de **cerrada**
10. en dirección de
11. Ana ya no vive; está ____.
15. trae cartas y paquetes a mi casa
17. pagar dinero cada mes = pagar ____ (dos palabras)
20. estampilla
22. esperar y hacer ____

2 **Las diligencias** ETAPA 1: Lee el inicio de cada oración. Luego completa las oraciones con información sobre tu vida. Vas a usar estas oraciones para escribir una narración breve en la **Etapa 2**.

Lección 2

> **modelo**
> Debo ir a la joyería para buscar un regalo.

Tema: Mis diligencias

1. Necesitaba ir _____
2. Tengo que _____
3. Debo _____
4. Nunca fui porque _____
5. Me gustaría _____
6. Si tengo tiempo, _____

ETAPA 2: Ahora vuelve a escribir las oraciones de la **Etapa 1** en la forma de un párrafo. Usa palabras y frases conectoras (*transition words and phrases*) como las de abajo para que tu narración fluya bien. Puedes organizar las oraciones en cualquier orden. Incluye detalles y descripciones que enriquezcan (*enrich*) el estilo de tu párrafo.

Palabras y frases conectoras: ayer, más tarde, antes (de), por eso, hoy, por la mañana/tarde/noche, luego, sábado, para mañana, etc.

> **modelo**
> Primero, debo ir a la joyería para buscar un regalo.

_____

3 | **Temas breves** Lee el principio de cada párrafo. Luego escribe cuatro o cinco oraciones más para desarrollar cada tema. Guarda lo que escribes en esta actividad: podrías (*you could*) usar tus ideas como punto de partida (*starting point*) cuando tengas que escribir un ensayo más largo.

1. Pienso mudarme algún día. Quiero vivir en una ciudad que…

_____

_____

_____

_____

_____

_____

_____

_____

_____

2. Me gustaría empezar un pequeño negocio (*business*) que… / Me gustaría trabajar en…

_____

_____

_____

_____

_____

_____

_____

_____

_____

_____

3. (No es / Es) difícil recorrer las calles de nuestra ciudad. Por ejemplo, para llegar a la/al…

_____

_____

_____

_____

_____

_____

_____

_____

_____

_____

Lección 2

Lección 2

4 **Convierte el crucigrama en un párrafo coherente** ETAPA 1: Escoge 12 de las respuestas del crucigrama en la página 19 para escribir una narración breve.

Las **12** palabras que voy a usar son:

1. _____   5. _____   9. _____
2. _____   6. _____   10. _____
3. _____   7. _____   11. _____
4. _____   8. _____   12. _____

ETAPA 2: Ahora, escribe tu párrafo. Incluye detalles que hagan que tu narración sea más interesante y más creativa. Cuando lo termines, consulta la lista de revisión en las páginas 81–82 para ayudarte a realizar las correcciones necesarias.

_____
_____
_____
_____
_____
_____
_____
_____
_____
_____
_____
_____
_____
_____
_____
_____
_____
_____
_____
_____
_____
_____
_____
_____
_____
_____
_____
_____

5   **Estrategia: Investigar un tema en español**

- You've probably used the Internet thousands of times to look up information: the lyrics of a song you like, your favorite actor's birthday, or stats on how your local hockey team performed last season. And each time you did, you probably used a search engine (**un buscador**) and a keyword (**una palabra clave**) or key phrase (**una frase clave**) to get started. For example, for the searches mentioned above, you could use words and phrases like *Rihanna new song lyrics, Seth Rogen birthday,* or *Islanders stats 2017.*

- The very same strategies apply when you do academic research online. You think of two or three keywords or phrases that might yield the information you need and you type them into a search engine. To find information in Spanish, you should use a Spanish-language search engine such as **google.es**. Of course, your keywords will have to be in Spanish, too!

- Whenever you do online research, one important step you should always take is to bookmark the site *and* to write down the name of the site, the exact URL, and the date you found the information. That way, if you ever need to refer to the site again you don't have to do another search.

PRÁCTICA: Anota dos o tres palabras o frases clave en español que te servirían para buscar información acerca de los siguientes temas tomados de esta lección.

1. The titles of several books written by Marco Denevi

_____

_____

2. The names of two languages other than Spanish spoken in Venezuela

_____

_____

3. The second and third highest waterfalls in the world after **el Salto Ángel**

_____

_____

4. The nicknames of three cities from the Spanish-speaking world (other than those given in the text)

_____

_____

5. The name of and some basic information about a Mexican architect other than Luis Barragán

_____

_____

6   **El transporte público de...** En la sección **Cultura** de **Senderos 3** leíste acerca del sistema de tránsito público de la Ciudad de México y el de varias otras ciudades del mundo hispanohablante. Ahora, te toca hacer una investigación sobre el tema para escribir una breve entrada (*post*) (de 150–200 palabras) en un blog turístico.

ETAPA 1: Escoge una ciudad hispanohablante (aparte de la Ciudad de México). Abajo, anota qué ciudad vas a investigar y también las palabras y frases claves que pienses usar para buscar información.

> **Tema: El transporte público de [ciudad]** _____
>
> **Palabras y frases claves:** _____
> _____
> _____

ETAPA 2: Sírvete de tres fuentes (*sources*) de referencia en Internet para recolectar datos sobre el tema que elegiste. Escribe el nombre del sitio web y su dirección URL en el espacio dado. Saca apuntes (*notes*) sobre la información que piensas usar en tu entrada. He aquí la lista de datos que debes incluir:

- Los distintos modos de transporte disponibles (metro, tren, autobús, etc.)

- Las horas de operación y el costo de cada uno

- Cinco destinos que puedes alcanzar con el transporte público (parques, museos, el distrito turístico, etc.)

Fuente de referencia 1: _____

Apuntes: _____
_____
_____
_____
_____

Fuente de referencia 2: _____

Apuntes: _____
_____
_____
_____
_____

Fuente de referencia 3: _____

Apuntes: _____
_____
_____
_____
_____

Lección 2

ETAPA 3: Basándote en los apuntes que sacaste en la **Etapa 2,** escribe el primer borrador de tu entrada. Escoge un título atractivo (*catchy*) que inspire a los lectores potenciales a leerlo. Cuando lo termines, intercambia cuadernos con un(a) compañero/a de clase. Consulta la lista de revisión en las páginas 81–82 para ayudarte a hacer comentarios constructivos sobre el borrador de tu compañero/a. Después, discute los comentarios con él/ella.

_____
_____
_____
_____
_____
_____
_____
_____
_____
_____
_____
_____
_____
_____
_____
_____
_____
_____
_____
_____
_____
_____
_____
_____
_____
_____
_____
_____
_____
_____
_____
_____
_____
_____

ETAPA 4: Ya es hora de escribir la versión final de tu entrada. Puedes hacer los cambios o las correcciones sugeridas por tu compañero/a. Tu entrada debe de ser tan informativa como placentero de leer.

_____

_____

_____

_____

_____

_____

_____

_____

_____

_____

_____

_____

_____

_____

_____

_____

_____

_____

_____

_____

_____

_____

_____

_____

_____

_____

_____

_____

_____

_____

_____

_____

_____

_____

_____

_____

_____

_____

_____

_____

_____

_____

7 | **Diálogo original** ETAPA 1: Basándote en el siguiente resumen (*summary*), escrito en inglés, escribe un diálogo original en español. Usa algunas de las estructuras gramaticales que aprendiste en esta lección, por ejemplo los mandatos de **nosotros/as** o los participios pasados usados como adjetivos. Si es posible, haz que tu diálogo sea personal y escribe sobre los eventos de tu vida. El espacio en blanco a continuación sirve para organizar tus ideas.

El cuaderno perdido. *Your friend tells you that he/she accidentally lost the notebook where he/she writes down all the important things he/she has to do during the week. First you suggest buying a new notebook right away. Then, you try to jog your friend's memory by asking a few questions about possible errands and appointments your friend may not remember. Some information you might include in your dialogue:*

- *three places your friend probably needed to go and what he/she was supposed to do*

- *what days and times your friend had to work that week*

- *a reminder of a big school project or exam, a special event, etc.*

Lección 2

ETAPA 2: Escribe la versión final de tu diálogo. Cuando lo termines, consulta la lista de revisión en las páginas 81–82 para ayudarte a realizar las correcciones necesarias.

_____
_____
_____
_____
_____
_____
_____
_____
_____
_____
_____
_____
_____
_____
_____
_____
_____
_____
_____
_____
_____
_____
_____
_____
_____
_____
_____
_____
_____
_____
_____
_____
_____
_____
_____
_____
_____

8 **Estrategia: Cómo evitar la redundancia** Have you ever been writing about a topic and you find yourself using the same words over and over again? Everyone has. The **Escritura** section in this chapter of **Senderos 3** points out several strategies for avoiding repetition and redundancy in your writing:

- Check a Spanish dictionary or thesaurus for synonyms (**sinónimos**) to avoid overusing a noun or verb.

- Use pronouns, possessive adjectives, and demonstrative adjectives and pronouns to "stand in" for nouns you repeat.

- Join related sentences using conjunctions and relative pronouns.

- Use only the verb without overtly stating the subject once the subject is clearly established and understood.

Also look for instances of wordiness (**la verbosidad**), writing that uses too many unneeded words or repeats the same basic idea in different ways.

PRÁCTICA: Vuelve a escribir cada oración o grupo de oraciones usando una de las estrategias anteriores para eliminar la repetición, la redundancia o la verbosidad.

1. Ayer en el correo tuvimos que esperar media hora y hacer cola por 30 minutos.

_____

_____

2. Pedro ahorra mucho dinero en su cuenta de ahorros.

_____

_____

3. Creo que la panadería de la esquina es buena y el pan que venden es bueno y los precios son buenos.

_____

_____

4. Elena compra muchas cosas. Elena gasta mucho dinero. Hoy Elena quiere ir de compras otra vez. ¡Elena no necesita ir de compras!

_____

_____

5. En el supermercado hay un letrero nuevo con luces brillantes y un letrero viejo que también está roto.

_____

_____

6. Esta mañana yo eché mis cartas al buzón y yo eché tus cartas al buzón también.

_____

_____

Lección 2

7. Pablo conoce a una mujer venezolana. La mujer es de Venezuela. La mujer es una tenista profesional y juega al tenis en Venezuela. La mujer se llama Valentina.

_____

_____

8. La Sra. Salazar fue a la peluquería. La Sra. Salazar compró una botella de champú. La Sra. Salazar volvió a casa para lavarse el pelo.

_____

_____

9. El pastel de chocolate que está allá en la cocina es más rico que el pastel de chocolate que está aquí en la mesa cerca de mí.

_____

_____

10. Los Gómez decidieron vender su condominio en Miami. Los Gómez alquilaron una casa en Barquisimeto. Los Gómez se mudaron de Miami a Barquisimeto.

_____

_____

9 **La brevedad es el alma del ingenio*** En la siguiente narración hay redundancia y repetición. Lee el párrafo con cuidado y piensa en lo que se intenta expresar. Luego escribe el párrafo de nuevo, eliminando tanta redundancia como sea posible.

El viernes pasado, mi hermano Roberto fue a la ciudad de Nueva York. Mi hermano Roberto quería pasar el día visitando su museo favorito. Mi hermano Roberto fue a la ciudad con su amigo DeShon. Mi hermano Roberto y su amigo DeShon se conocieron en la escuela primaria°. A DeShon también le gustan los museos. Mi hermano Roberto y su amigo DeShon decidieron tomar el tren. Conducir en la ciudad puede ser muy peligroso. Conducir en la ciudad también puede ser muy caro. El tren llegó a la estación Penn Station. La estación Penn Station está cerca de la Calle 34. En la Calle 34 es muy fácil parar° un taxi. Sería° más eficiente ir en taxi al Museo Guggenheim. ¡El Museo Guggenheim queda en la Calle 89! Tomar un taxi desde la Calle 34 hasta la Calle 89 cuesta 32 dólares. Desgraciadamente°, mi hermano Roberto y su amigo DeShon se dieron cuenta° de que no tenían bastante dinero para ir en taxi. Mi hermano Roberto y su amigo DeShon tuvieron que caminar más de cincuenta cuadras. Mi hermano Roberto y su amigo DeShon caminaron por una hora. Finalmente mi hermano Roberto y su amigo DeShon llegaron. Mi hermano Roberto y su amigo DeShon pasaron tres horas en el museo. A las 5:45 de la tarde cerraron el museo. En la entrada° del museo mi hermano Roberto y su amigo DeShon hablaron sobre cómo regresar a Penn Station. En la entrada del museo, el guardia los oyó. El guardia les dijo que el autobús M4 pasa por la estación de trenes. El guardia les dijo que el autobús M4 cuesta solamente dos dólares. También el guardia les indicó la esquina donde para el autobús M66. Mi hermano Roberto y su amigo DeShon le dijeron "Gracias" y mi hermano Roberto y su amigo DeShon caminaron hacia la esquina.

escuela primaria *grade school*   parar *to hail*   Sería *It would be*
Desgraciadamente *Unfortunately*   se dieron cuenta *realized*   entrada *entrance*

_____
_____
_____
_____
_____
_____
_____
_____
_____
_____

*Una frase célebre de W. Shakespeare (*Brevity is the soul of wit*).

Lección 3

1 **Sendero de palabras** Sigue el sendero de principio a fin. Las pistas a continuación te ayudarán a rellenar los espacios del sendero con palabras del vocabulario de esta lección.

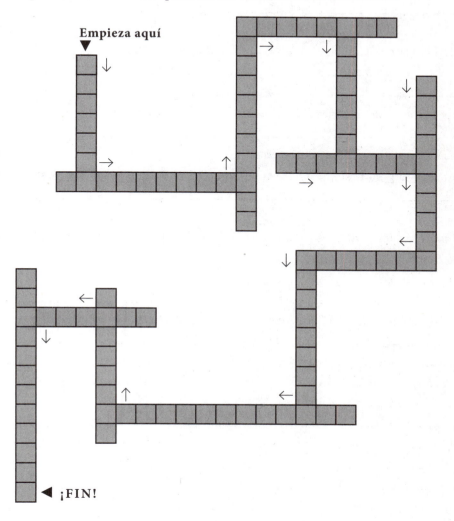

Empieza aquí

¡FIN!

PISTAS

a. Cuando te falta energía, bebes algo con mucha _____.

b. sinónimo de **apurarse** (dos palabras)

c. Una dieta variada y buena para la salud es _____.

d. aumentar de peso

e. tomar una _____

f. hacer ejercicios = hacer _____

g. que se la pasa frente al televisor

h. El bíceps es uno.

i. Son tan importantes como las vitaminas.

j. experto en la alimentación

k. Es mejor que lleves una _____. (dos palabras)

l. Hay que aliviar la _____.

m. No son jugadores; son _____.

2 **Oraciones más sofisticadas** Toda habilidad requiere práctica – incluso la de escribir oraciones efectivas. ¡Aquí hay más práctica para ti! Vuelve a escribir cada oración según las indicaciones entre paréntesis. Trata de escribir oraciones que sean tan interesantes e informativas como sea posible.

1. Clara siempre calienta. (*Add* **antes de que** *and more information.*)

   _____

   _____

2. Iván no hizo la tarea anoche. (*Add* **sino que** *and more information.*)

   _____

   _____

3. Diego y Jaime no comen <u>bien</u>. (*Replace* **bien** *with a more descriptive or informative phrase.*)

   _____

   _____

4. Planeamos una <u>gran</u> fiesta. (*Replace* **gran** *with a more descriptive or informative phrase.*)

   _____

   _____

5. Los Ramírez se mudaron. Compraron un sofá. (*Join these two sentences into one compound sentence and add more details.*)

   _____

   _____

6. Antonio levanta pesas. (*Add information that answers the questions* **¿Cuándo?** *and* **¿Dónde?**)

   _____

   _____

7. Conoces a una nutricionista. (*Add a relative clause with either* **que** *or* **quien.**)

   _____

   _____

8. Es mejor que contemos las calorías. (*Add information that answers the question* **¿Por qué?**)

   _____

   _____

9. Linda <u>es muy activa</u>. (*Replace* **es muy activa** *with more specific details.*)

   _____

   _____

10. Uds. buscan una casa. (*Add information that answers the question* **¿Qué tipo de casa buscan?**)

    _____

    _____

11. ¿Has encontrado un restaurante? (*Add* **que** *and more information to describe the restaurant.*)

    _____

    _____

12. Kelly y Juan han estudiado. (*Add information that answers the questions* **¿Qué?, ¿Por cuánto tiempo?, ¿Dónde?,** *and* **¿Por qué?**)

    _____

    _____

3 **Estrategia: Cómo escribir la oración concluyente** In Lección 1 of this workbook you learned about the importance of writing a strong topic sentence. Perhaps just as important to the tone of a coherent, cohesive paragraph is the *conclusion* or *closing sentence* (**la oración concluyente**).

¿Cuál es la función de la oración concluyente? Every good paragraph needs to end with a sentence that maintains its cohesion but also brings the text to a close. Thus, the closing sentence should do one of the following:

- restate information from the topic sentence in different words
- sum up evidence presented in the body of the paragraph
- bring a short story or narration to an end
- give an opinion of the main idea
- predict or foreshadow the consequences of the information or data put forth in the paragraph

Once you have produced a clearly focused topic sentence, a group of detailed and informative sentences to form the body, and a closing sentence that lets your readers know that this is "the end," you will have written a strong well-crafted paragraph.

PRÁCTICA: El siguiente párrafo narra uno de los problemas de una estudiante universitaria. Léelo y escríbele tres posibles oraciones concluyentes, teniendo en cuenta (*keeping in mind*) las distintas funciones de la oración concluyente.

> Cuando empecé mis estudios universitarios, me sorprendió la cantidad de trabajo que se requería. Los hábitos de estudio que aprendí en la escuela secundaria dejaron mucho que desear°. No había mucha tarea y no he estudiado casi nunca, pero he sacado notas bastante buenas. En la universidad, parecía que todos mis profesores pensaran* que su clase era la más importante. Cada profesor asignó un montón de tarea cada noche. Como resultado, mi tiempo libre desapareció. Salir de noche con los amigos o pasar horas viendo la televisión fueron reemplazados por leer libros larguísimos, participar en proyectos de grupo y escribir informes de investigación. ¿Y mis notas? En el mejor de los casos° mediocres, ¡a pesar de° todos mis sacrificios!
>
> dejaron mucho que desear *left a lot to be desired*   En el major de los casos *At best*
> a pesar de *in spite of*

1. _____
_____
_____

2. _____
_____
_____

3. _____
_____
_____

*Pensaran is a verb form called the **past subjunctive**, which you will learn in **Lección 4.**

Lección 3

4 **Estrategia: Cómo ordenar lógicamente la información** When you write a paragraph or an entire essay, you must make decisions about the order in which you will present your information. The four most common organizational patterns are:

- **El orden cronológico:** Writing in *chronological order* means you arrange the events in the order in which they happened. Writing of this type often uses dates (**en 1806**), day and time markers (**el jueves pasado; ayer a las dos**), and other adverbs that place events in a timeline (**al principio; finalmente**).

- **El orden secuencial:** *Sequential order* is similar to chronological order but is used specifically to write about a process or something that is done in steps. Recipes, instructions for putting together a desk, a science text that explains the process of photosynthesis—all of these use sequential order. Common words used in this type of writing include ordinal numbers (**primero; segundo**), **luego, después,** and the like.

- **El orden espacial:** When you describe a place or the physical arrangement of things you use *spatial order*. Writing organized in this way moves you along through the space, either from left to right, right to left, front to back, or top to bottom, depending on what makes sense for the place you're describing. Prepositions that indicate placement and location (**enfrente de; al lado de; a la izquierda**) or distance (**lejos de; en la distancia**) are used in spatial descriptions.

- **El orden según la importancia:** *Order of importance* is used to support your opinion or to lay out your reasons for people to take action. You must decide if you want to start off with the most important item first and move down the list or, conversely, to begin with the least important item and build toward your "big finish" with the most important information coming right before the conclusion. Your ideas can be linked with words that indicate the addition of proof: **también, además, asimismo,** and so on.

PRÁCTICA: Vas a escribir dos párrafos empleando dos patrones (*patterns*) de organización diferentes. Antes de que empieces, repasa la estrategia *Cómo escribir un párrafo* en la página 9 de este cuaderno porque vas a seguir los mismos pasos.

Párrafo 1: Escribe un párrafo empleando **el orden cronológico** para presentar tus ideas. Puedes escribir sobre cualquier (*any*) tema que te interese: algo que te pasó en la escuela, unas vacaciones memorables o cómo se conocieron tus padres o tus abuelos. Te toca a ti (*It's up to you*) decidir.

A. Anota tus ideas a continuación.

¿**Cuál es el tema principal de tu párrafo?** _____

_____

_____

¿**Para quién lo vas a escribir?** (*Your audience*) _____

_____

_____

Lección 3

Ideas; lo que quieres describir (en orden):

_____
_____
_____
_____
_____
_____
_____
_____
_____

Más detalles y descripciones para mejorar el texto:

_____
_____
_____
_____
_____
_____

La oración principal: _____
_____

La oración concluyente: _____
_____
_____

Lección 3

B. Escribe el primer borrador de tu párrafo. Cuando lo termines, consulta la lista de revisión en las páginas 81–82 para ayudarte a realizar las correcciones necesarias.

_____
_____
_____
_____
_____
_____
_____
_____
_____
_____
_____
_____
_____
_____
_____
_____
_____
_____
_____
_____
_____
_____
_____
_____
_____
_____
_____
_____
_____
_____

Lección 3

C. Ahora escribe la versión final de tu párrafo.

_____

_____

_____

_____

_____

_____

_____

_____

_____

_____

_____

_____

_____

_____

_____

_____

_____

_____

_____

_____

_____

_____

_____

_____

_____

_____

_____

_____

_____

Lección 3

Párrafo 2: Escribe un párrafo empleando **el orden secuencial, el orden espacial** o **el orden según la importancia** para presentar tus ideas. Puedes escribir sobre cualquier (*any*) tema que te interese: cómo preparar tu ensalada favorita, una descripción de un salón de banquete (*reception hall*) o por qué tener una mascota (*pet*) beneficia la salud del dueño. Te toca a ti decidir.

A. Anota tus ideas a continuación.

Escoge: EL ORDEN SECUENCIAL   EL ORDEN ESPACIAL   EL ORDEN SEGÚN LA IMPORTANCIA

¿Cuál es el tema principal de tu párrafo? _____

_____

¿Para quién lo vas a escribir? (*Your audience*) _____

_____

Ideas; lo que quieres describir (en orden):

_____

_____

_____

_____

_____

_____

_____

_____

Más detalles y descripciones para mejorar el texto:

_____

_____

_____

_____

_____

La oración principal: _____

_____

_____

La oración concluyente: _____

_____

_____

B. Escribe el primer borrador de tu párrafo. Cuando lo termines, consulta la lista de revisión en las páginas 81–82 para ayudarte a realizar las correcciones necesarias.

_____
_____
_____
_____
_____
_____
_____
_____
_____
_____
_____
_____
_____
_____
_____
_____
_____
_____
_____
_____
_____
_____
_____
_____
_____
_____
_____
_____
_____
_____
_____

Lección 3

C. Ahora escribe la versión final de tu párrafo.

_____

_____

_____

_____

_____

_____

_____

_____

_____

_____

_____

_____

_____

_____

_____

_____

_____

_____

_____

_____

_____

_____

_____

_____

_____

_____

_____

_____

_____

5 **Los párrafos sin terminar** Cada grupo de oraciones a continuación representa el principio de un párrafo: [1] la oración principal y [2] una oración del cuerpo del párrafo. Léelas con cuidado y luego escribe por lo menos dos oraciones más para terminar el cuerpo del párrafo. Finalmente, crea una oración concluyente que resuma y cierre el párrafo.

1. [1] Cuando mi hermana necesitaba perder peso, el doctor le dijo que cambiara* tres aspectos de su vida: tenía que hacer más ejercicio, beber más agua y dejar de comer postres. [2] Como primer paso, ella decidió tomar una clase de ejercicios aeróbicos y caminar uno o dos kilómetros tres veces por semana.

_____

_____

_____

_____

_____

_____

_____

_____

_____

_____

_____

_____

_____

_____

_____

_____

_____

_____

_____

_____

*Cambiara is a verb form called the *past subjunctive*, which you will learn in **Lección 4.**

Lección 3

2. [1] El nuevo gimnasio Ciudad de Bienestar no es un gimnasio típico, sino un "centro de ejercicio y de salud de última generación (*state-of-the-art*)," y lo tiene todo. [2] Cuando entras por la puerta principal, inmediatamente a la izquierda hay un enorme bar que ofrece jugos frescos de frutas y vegetales orgánicos.

_____
_____
_____
_____
_____
_____
_____
_____
_____
_____
_____
_____
_____
_____
_____
_____
_____
_____
_____
_____
_____
_____
_____
_____
_____
_____
_____
_____
_____
_____
_____

Lección 3

3. [1] ¡Yo estoy sufriendo un ataque de pánico porque todavía no he comenzado el proyecto final para la clase de historia y me quedan solamente cinco días para realizarlo! [2] Primero, necesito calmarme y crear una lista de lo que debo hacer para cumplir el plazo de entrega (*meet the deadline*).

_____

_____

_____

_____

_____

_____

_____

_____

_____

_____

_____

_____

_____

_____

_____

_____

_____

_____

_____

_____

_____

_____

_____

_____

_____

_____

_____

_____

Lección 3

6   **El párrafo paso a paso**   En esta actividad, vas a repasar y seguir los pasos descritos en las estrategias previas para escribir un párrafo coherente.

ETAPA 1: Decide cuál será (*will be*) el tema principal de tu párrafo y quiénes serán tus lectores.

Tema principal: _____

Mis lectores: _____

_____

ETAPA 2: Anota las ideas y los detalles relevantes. ¿Qué información debes incluir en tu párrafo?

_____

_____

_____

_____

_____

_____

ETAPA 3: Elige las tres o cuatro mejores ideas y detalles de la **Etapa 2** y escribe una oración completa para cada idea. Estas oraciones forman el cuerpo del párrafo y proveen la información y los detalles que sustentan (*support*) el tema del párrafo.

_____

_____

_____

_____

_____

_____

_____

_____

_____

_____

ETAPA 4: Escribe la oración principal. Recuerda que esta oración tiene que indicar claramente la idea central del párrafo.

Oración principal: _____

_____

_____

Lección 3

ETAPA 5: Piensa en cómo vas a organizar las oraciones de tu párrafo. ¿En orden cronológico? ¿En orden secuencial? ¿En orden espacial? ¿En orden según la importancia de los detalles? El tema que escogiste dictará (*will dictate*) el orden que debes usar.

ETAPA 6: Escribe la oración concluyente. Ésta, la última oración del párrafo, debe resumir la información que presentaste o enunciar la oración principal de una manera diferente.

Oración concluyente: _____

_____

_____

ETAPA 7: Escribe el primer borrador de tu párrafo, juntando la oración principal, las oraciones del cuerpo y la oración concluyente. Cuando lo termines, intercambia cuadernos con un(a) compañero/a de clase. Consulta la lista de revisión en las páginas 81–82 para ayudarte a hacer comentarios constructivos sobre el borrador de tu compañero/a. Después, discute los comentarios con él/ella.

_____

_____

_____

_____

_____

_____

_____

_____

_____

_____

_____

_____

_____

_____

_____

_____

_____

_____

_____

ETAPA 8: Ya es hora de escribir la versión final de tu párrafo. Puedes hacer los cambios o las correcciones sugeridos por tu compañero/a. Tu párrafo debe de ser tan informativo como placentero de leer.

_____

_____

_____

_____

_____

_____

_____

_____

_____

_____

_____

_____

_____

_____

_____

_____

_____

_____

_____

_____

1

Sopa de letras: Las ocupaciones ETAPA 1: Busca las 15 ocupaciones escondidas en la cuadrícula a continuación. Pueden ser horizontales, verticales o diagonales. **¡Atención!** Algunas palabras horizontales están escritas al revés (*backwards*). Cuando encuentres una palabra, dibuja un círculo alrededor de ella y anótala en uno de los espacios abajo.

Pista: Consulta el **Vocabulario** de la **Lección 4** (ver página 150 de **Senderos 3**) para ver una lista de las palabras posibles.

S	T	O	R	E	T	N	I	P	R	A	C	O	R
O	N	D	E	S	C	R	L	Y	N	O	O	R	E
R	E	P	O	R	T	E	R	A	Q	F	C	P	B
E	L	E	X	T	A	S	Ó	N	Ú	N	I	S	A
T	I	L	V	M	H	O	Í	R	O	T	N	I	P
Á	É	E	C	I	A	N	T	I	F	X	E	C	J
M	G	C	D	I	S	E	Ñ	A	D	O	R	Ó	C
I	O	T	N	E	T	I	S	C	V	E	A	L	O
N	H	R	U	I	I	F	B	T	G	Z	T	O	N
I	A	I	B	Y	C	E	L	L	R	O	U	G	S
C	N	C	O	J	A	O	S	C	R	A	D	A	E
A	T	I	M	S	L	I	M	A	E	B	E	Y	J
B	C	S	B	R	O	D	A	T	N	O	C	U	E
R	O	T	E	U	Z	C	R	R	Á	J	K	Ó	R
E	L	A	R	Q	U	I	T	E	C	T	O	C	A
D	A	G	O	I	A	R	E	U	Q	U	L	E	P
U	S	I	P	É	Z	O	V	J	E	P	A	N	S

1. _____   9. _____
2. _____   10. _____
3. _____   11. _____
4. _____   12. _____
5. _____   13. _____
6. _____   14. _____
7. _____   15. _____
8. _____

ETAPA 2: Ahora escoge diez de las ocupaciones de tu lista y escribe una oración para cada una. Sé creativo/a.

1. _____

_____

2. _____

_____

3. _____

_____

4. _____

_____

5. _____

_____

6. _____

_____

7. _____

_____

8. _____

_____

9. _____

_____

10. _____

_____

2   **Eso no es lo que he oído**   Las siguientes oraciones expresan una versión de lo que pasó, pero tú has oído algo diferente en cada caso. Vuelve a escribir cada comentario para relatar tu versión de la verdad. Sigue el modelo.

> **modelo**
>
> Al final del año escolar, ese muchacho de doce años se habrá graduado de la secundaria.
> No, al final del año próximo, ese muchacho de dieciocho años habrá terminado sus estudios universitarios.

1. Aunque estaba bastante nerviosa, Elena consiguió una segunda entrevista.

   _____

   _____

2. Será posible hospedarse (*stay*) en buenos hoteles, viajar entre Puerto Plata y Santiago en taxi, y visitar todos los lugares de interés con un guía turístico privado.

   _____

   _____

3. Julio pasó horas llenando solicitudes, pero nunca recibió ninguna oferta para un trabajo de verano.

   _____

   _____

4. Pobre Jaime. Su teléfono no tiene navegador GPS y por eso se perdió buscando el restaurante El Gusto de Managua.

   _____

   _____

5. Este puesto no paga muy bien, pero los beneficios laborales sí son excelentes.

   _____

   _____

6. Se necesita un sueldo que permita vivir con dignidad, pero muchas empresas siguen ofreciéndoles el salario mínimo a sus nuevos empleados.

   _____

   _____

7. Dile a la diseñadora que la vamos a despedir porque no nos gustaron los muebles que compró.

   _____

   _____

8. Los chicos se enteraron de que la profesora no había leído los exámenes.

   _____

   _____

9. Era una lástima que ningún negocio de la ciudad hubiera financiado (*funded*) el programa de reciclaje.

_____

_____

10. Cada primero de enero, el Sr. Bustillo declara que en el año nuevo se mantendrá en forma, que hará ejercicio varias veces por semana y que comerá una dieta baja en azúcar, en grasas y en sal.

_____

_____

11. Cada dos de enero, el Sr. Bustillo admite que no le importa llevar una vida muy sana y sin diversiones, y sale a devorar una hamburguesa *deluxe* y un batido (*shake*) de chocolate.

_____

_____

12. A principios del semestre, te avisé que leyeras con mucho cuidado los cuentos surrealistas.

_____

_____

13. Ayer el gerente llamó a Gloria para ofrecerle el puesto, y al colgar (*upon hanging up*) ella lloró de la felicidad.

_____

_____

14. Esta revista ha reportado que la actriz Mimí Gil-Blas acaba de casarse por novena vez y que su nuevo marido es un robot.

_____

_____

15. A causa de la crisis económica, se bajaron los precios de casi todo, inclusive los alquileres y los costos del seguro (*insurance*) médico.

_____

_____

3 **Los párrafos sin terminar** Cada una de las siguientes oraciones representa el principio de un párrafo. Lee cada una con cuidado y luego escribe por lo menos cuatro oraciones más, inclusive una oración concluyente, para crear un párrafo coherente y completo.

1. Fue muy triste que pocos invitados hubieran ido a la fiesta que dio Roberto.

_____

_____

_____

_____

_____

_____

2. Para tener éxito en una carrera técnica, Ud. tendrá que seguir tres pasos fáciles.

_____

_____

_____

_____

_____

_____

3. Los lectores de *La Prensa* se pusieron furiosos al leer el artículo que se publicó en la portada (*front page*).

_____

_____

_____

_____

_____

4. Decir una mentira de vez en cuando no es nada grave, ¡pero ese muchacho/esa muchacha nunca dice nada más que mentiras!

_____

_____

_____

_____

_____

4

Estrategia: ¿Hecho u opinión? When you write an academic paper, you will often have to support your paper's main point by providing proof. The main point of the paper might be an *opinion* that you have to defend or that you want to convince others to accept. The proof you offer will consist of or be based on *facts*.

To write a convincing and acceptable academic paper, you must be able to tell the difference between a fact and an opinion. This sounds easy; however, with the constant flow of information—both accurate and inaccurate—on social media and other sites, the line between a fact and an opinion can become blurry.

— Científico1008 dijo en su blog "Hechos del Mundo" que la Tierra es absolutamente plana (*flat*)… ¡y yo lo creo!

- **¿Qué es un hecho?** A *fact* refers to any action or event that has taken place. The information presented in a fact is objective and unbiased (not influenced by the author's own feelings or judgments) and is easily verifiable or can be demonstrated. For example:

  Simone Biles ganó cuatro medallas de oro en los Juegos Olímpicos de 2016. [*easily verifiable: millions of people watched as it happened*]

  Los glaciares siguen derritiendo (*melting*) año tras año. [*thousands of photos, videos, and scientific studies back up this claim*]

- **¿Qué es una opinión?** In general, an *opinion* is a statement or viewpoint that is not conclusive and is based upon a judgment or personal feelings. The underlying message of an opinion may be based on a fact (though not always), but this information is colored by the author's personal beliefs:

  Después de ganar la Copa en 2014, era evidente que Alemania tuvo el mejor equipo de fútbol. [*author's judgment based on one tournament*]

  No obstante (*However*), los futbolistas argentinos merecieron (*deserved*) ganar la Copa del Mundo. [*personal belief*]

PRÁCTICA: Lee cada aseveración (*statement*) e indica si es un **HECHO** o una **OPINIÓN**.

1. Debemos leer solamente los libros de Harry Potter en la clase de literatura.   HECHO   OPINIÓN

2. **a.** Bogotá, la capital de Colombia, es la ciudad más poblada del país.   HECHO   OPINIÓN
   b. Además, es una metrópoli linda, sofisticada y llena de cultura.   HECHO   OPINIÓN

3. El presidente Barack Obama fue reelegido en 2012.   HECHO   OPINIÓN

4. Es una lástima que el Reino Unido (*UK*) salga de la Unión Europea.   HECHO   OPINIÓN

5. La primavera es la estación más agradable del año.   HECHO   OPINIÓN

6. Según esta receta (*recipe*), se necesitan cinco huevos para hacer un flan de caramelo.   HECHO   OPINIÓN

7. **a.** Los tres tipos de mascotas (*pets*) más populares en los Estados Unidos son los perros, los gatos y los peces.   HECHO   OPINIÓN
   b. Los peces son populares porque es muy fácil cuidarlos.   HECHO   OPINIÓN

8. **a.** Es ridículo que todos no conduzcamos carros híbridos.   HECHO   OPINIÓN
   b. La emisión de CO2 de los vehículos convencionales contribuye a la contaminación del medio ambiente.   HECHO   OPINIÓN

9. **a.** Es beneficial que los estudiantes norteamericanos asistan a clases durante el verano.   HECHO   OPINIÓN
   b. Las cifras de varios estudios indican que los que toman clases veraniegas (*summer*) mejoran significativamente sus notas.   HECHO   OPINIÓN

10. Con un título universitario, no habrá ningún problema para conseguir un trabajo bien pagado.   HECHO   OPINIÓN

11. Actualmente (*Nowadays*) se prefiere el término "asistente administrativa" porque la palabra "secretaria" suena anticuada (*old-fashioned*).   HECHO   OPINIÓN

5

Según tu parecer Escribe tres datos verificables (**hechos**) y tres juicios personales (**opiniones**) acerca de cada tema a continuación.

1. una universidad estadounidense a la que te gustaría asistir

   Nombre de la institución: _____

Hechos

a. _____
   _____

b. _____
   _____

c. _____
   _____

Opiniones

d. _____
   _____

e. _____
   _____

f. _____
   _____

2. el estado donde vives

Hechos

a. _____
   _____

b. _____
   _____

c. _____
   _____

Opiniones

d. _____
   _____

e. _____
   _____

f. _____
   _____

3. una profesión o un trabajo que te interesa

   ¿Qué profesión / trabajo es? _____

Hechos

   a. _____

   _____

   b. _____

   _____

   c. _____

   _____

Opiniones

   d. _____

   _____

   e. _____

   _____

   f. _____

   _____

6 **Viceversa** Lee las siguientes oraciones y decide si cada una expresa un hecho o una opinión. Indica los hechos con una **H** y las opiniones con una **O**. Luego, vuelve a escribir las oraciones, convirtiendo cada hecho en opinión y cada opinión en hecho. Sigue el modelo.

> **modelo**
>
> ___H___ Yolanda colecciona objetos de cerámica precolombinas.
> **ESCRIBES UNA OPINIÓN:** *Yolanda colecciona objetos de cerámica feos.*

1. _____ En el garaje de mi abuela descubrí una pintura bastante valiosa.

   _____

   _____

2. _____ Quizás llueva esta tarde.

   _____

   _____

3. _____ Su amigo Pablo es una mala influencia.

   _____

   _____

4. _____ Ayer Mariana se cayó en la escalera.

   _____

   _____

5. _____ La cafetería está sirviendo una sopa repugnante (*disgusting*).

_____

_____

6. _____ Cuando ocurrió el accidente, Miguel era estudiante de secundaria.

_____

_____

7. _____ El presidente de la compañía no es un hombre muy inteligente.

_____

_____

8. _____ En la sociedad contemporánea con una economía inestable, los corredores de bolsa merecen (*deserve*) todo lo que ganan.

_____

_____

9. _____ La maestra se ha enojado porque nadie había hecho la tarea.

_____

_____

10. _____ Ay, Elisa solicitó un puesto que no la va a satisfacer (*satisfy*).

_____

_____

11. _____ El Sr. Núñez renunció su trabajo durante la videoconferencia.

_____

_____

12. _____ Más personas solteras deben adoptar a un perro del refugio de animales.

_____

_____

13. _____ Quiero ser diseñadora, por eso estudiar la historia americana no me servirá (*be of use*) para nada.

_____

_____

14. _____ Para su entrevista, Claudia llevó un traje de chaqueta con falda y una blusa blanca.

_____

_____

7   **Estrategia: Cómo expresar y apoyar una opinión**   Las opiniones son como cabezas: todo el mundo tiene una. Y a todo el mundo le gusta expresar sus preferencias, sus juicios, su disgusto… su *opinión* acerca de cualquier tema.

Es importante recordar que cuando ofreces una opinión por escrito, necesitarás bastante información acerca de tu tema. Debes usar estos datos (hechos) para convencer a tus lectores de que tu opinión sea válida, aunque ellos no tienen que ponerse de acuerdo (*agree*) contigo. Por ejemplo, no es suficiente escribir una simple declaración como **Los Tigres Grises son el mejor equipo de béisbol porque me gustan mucho sus jugadores.** Hay que presentar datos que posiblemente podrán persuadir a tus lectores para aceptar tu tesis – es decir, aceptar tu opinión:

> **Creo que los Tigres Grises son el mejor equipo de béisbol de la liga porque han ganado tres campeonatos (*championships*) consecutivos, atraen a más aficionados que cualquier otro equipo y donan un cierto porcentaje de sus ganancias (*earnings*) a varias caridades como la ASPCA y United Way.**

Con esta oración has establecido tu opinión y también has presentado tres razones concretas para apoyarla. El resto de la columna presentará más información sobre cada razón: cuánto dinero han donado a la ASPCA, cuántos aficionados asisten a cada partido, etc.

¡Eres tú periodista!   En la siguiente actividad vas a escribir una columna de opinión sobre cualquier tema que quieras, siempre y cuando (*as long as*) expreses una opinión que puedas apoyar con datos verificables.

PRÁCTICA 1: Vas a investigar un tema que escojas en Internet, en la biblioteca o de alguna otra manera. Por eso, se sugiere que repases la estrategia **Investigar un tema en español** en la **Lección 2** de este cuaderno (ver página 23).

Es muy importante que elijas un tema que puedas apoyar con información verificable, no solamente con opiniones tuyas. Teniendo en cuenta este requisito, anota aquí algunas ideas para el tema de tu columna e ideas para datos que puedes usar para apoyar tu opinión.

_____

_____

_____

_____

_____

_____

_____

_____

_____

_____

_____

_____

_____

_____

_____

_____

_____

PRÁCTICA 2: Después de haber reflexionado, escoge un tema posible y escribe el primer borrador de la oración principal. Esta oración puede seguir el patrón:

[*Declara tu opinión*] porque [*razón 1*], [*razón 2*] y [*razón 3*].

Tener una versión escrita de la oración principal te ayudará a buscar información apropiada. La puedes cambiar más tarde si es necesario.

Tema de la columna: _____
_____

La oración principal (1era versión): _____
_____
_____
_____
_____

PRÁCTICA 3: Ponte a investigar (*Start researching*) tu tema para encontrar por lo menos tres hechos que den crédito (*give credence*) a tu opinión. Vuelve a leer el texto modelo sobre los Tigres Grises y presta atención a los tres hechos presentados: tres campeonatos consecutivos, muchos aficionados y donaciones caritativas. Luego, anota los hechos que vas a usar en tu columna.

¡Atención! Al realizar la investigación es posible que encuentres información diferente de la de tu oración principal. En este caso, escribe una nueva versión de ella.

1er hecho: _____
_____
_____
_____

2o hecho: _____
_____
_____
_____

3er hecho: _____
_____
_____
_____

La oración principal (nueva versión): _____
_____
_____
_____

PRÁCTICA 4: Escribe el primer borrador de tu columna, juntando la oración principal y los hechos que elegiste para apoyar tu opinión. Al leer tu texto, escribe una oración concluyente y ponle un título interesante a tu columna. Cuando lo termines, intercambia cuadernos con un(a) compañero/a de clase. Consulta la lista de revisión en las páginas 81–82 para ayudarte a hacer comentarios constructivos sobre el borrador de tu compañero/a. Después, discute los comentarios con él/ella.

_____

_____

_____

_____

_____

_____

_____

_____

_____

_____

_____

_____

_____

_____

_____

_____

_____

_____

_____

_____

_____

_____

_____

_____

_____

_____

_____

_____

_____

_____

_____

Nombre _____   Fecha _____

PRÁCTICA 5: Ya es hora de escribir la versión final de tu columna. Puedes hacer los cambios o las correcciones sugeridos por tu compañero/a. Tu columna debe de ser tan informativa como placentera de leer y expresar claramente una opinión tuya.

_____
_____
_____
_____
_____
_____
_____
_____
_____
_____
_____
_____
_____
_____
_____
_____
_____
_____
_____
_____
_____
_____
_____
_____
_____
_____
_____
_____
_____
_____
_____
_____

Lección 5

1 **¿Sabes la palabra?** Lee la definición y rellena las casillas para revelar quince palabras del **Vocabulario** de esta lección.

1. película que trata sobre acontecimientos, problemas y cuestiones reales

2. de otro país

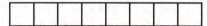

3. representar a un personaje

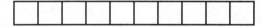

4. crear una estatua

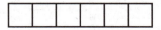

5. objetos fabricados de barro (*clay*)

6. de carácter tradicional y popular

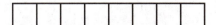

7. cosa fabricada al entrelazar (*intertwining*) varios hilos (*threads*)

8. conjunto (grupo) de músicos profesionales

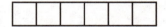

9. actor/actriz súper famoso/a

10. edificio destinado a la representación de obras dramáticas

11. género literario en verso

12. género de película donde los extraterrestres vienen a nuestro planeta, por ejemplo

☐☐☐☐☐☐☐☐ ☐☐☐☐☐☐☐☐

13. trompeta, violín, flauta, etc.

☐☐☐☐☐☐☐☐☐☐☐☐

14. lo opuesto de **comedia**

☐☐☐☐☐☐☐☐

15. No puedes entrar a la función (*show*) sin esto.

☐☐☐☐☐☐

2 **Oraciones más sofisticadas** Vuelve a escribir cada oración agregando la conjunción entre paréntesis y una segunda cláusula (la cláusula subordinada). Trata de escribir oraciones que sean lo más interesantes e informativas posible. **¡Atención!** Tu oración puede empezar con la cláusula subordinada seguida de una coma. Sigue el modelo.

> **modelo**
> Ernesto escribió el cuento que publicaron en esa revista. (**sin que**).
> *Ernesto escribió el cuento que publicaron en esa revista sin que sus amigos lo supieran.*
> *o Sin que sus amigos lo supieran, Ernesto escribió el cuento que publicaron en esa revista.*

1. El compositor no estaba satisfecho con la partitura (*musical score*). (**hasta que**)

   _____
   _____
   _____

2. Mariana quería ser escultora o poeta. (**antes de que**)

   _____
   _____
   _____

3. El público (*audience*) aplaudió. (**en cuanto**)

   _____
   _____
   _____

4. Adela Sáenz había diseñado el escenario. (**sin que**)

   _____
   _____
   _____

5. La banda practicaba. (**mientras**)

_____

_____

_____

6. El Sr. Montalvo dijo que iría a ver el drama. (**con tal de que**)

_____

_____

_____

7. No me compres ningún regalo. (**a menos que**)

_____

_____

_____

8. Saldremos para la exhibición de arte. (**tan pronto como**)

_____

_____

_____

9. Traigan Uds. una merienda. (**en caso de que**)

_____

_____

_____

10. Estarán más felices. (**cuando**)

_____

_____

_____

11. Sería mejor cenar primero. (**para que**)

_____

_____

_____

12. Mamá decidió comprar el jarrón (*vase*) de cerámica. (**después de que**)

_____

_____

_____

Lección 5

Lección 5

3 **Temas breves** Lee el principio de cada párrafo. Luego escribe cuatro o cinco oraciones más para desarrollar cada tema. Guarda lo que escribes en esta actividad. Puedes usar tus ideas como punto de partida (*starting point*) cuando tengas que escribir un ensayo más largo.

1. El programa de televisión que no puedo soportar (*can't stand*) es... _____

_____

_____

_____

_____

_____

_____

_____

_____

2. Este año escolar: Tres cosas que habría cambiado _____

_____

_____

_____

_____

_____

_____

_____

_____

3. Preferiría (leer / ir a ver) un buen drama porque... _____

_____

_____

_____

_____

_____

_____

_____

_____

_____

4 **La entrevista** La mejor manera de recoger información acerca de una persona viva es entrevistarla cara a cara. Si quisieras (*you would like to*) escribir una biografía sobre alguien que conoces bien – un(a) pariente, un(a) vecino/a o un(a) amigo/a de tu familia, ¿sobre quién la escribirías? ¿Qué preguntas le harías? ¿Le pedirías que te contara alguna historia o anécdota específica de su vida?

Escoge una persona interesante que conozcas y escribe por lo menos quince preguntas que usarías para entrevistarlo/la.

El/La entrevistado/a sería: _____

1. _____
2. _____
3. _____
4. _____
5. _____
6. _____
7. _____
8. _____
9. _____
10. _____
11. _____
12. _____
13. _____
14. _____
15. _____

Lección 5

5 **Estrategia: Cómo escribir una biografía** A *biography* is a text in which one person writes about the life and accomplishments of another. Often, the person being written about is famous, but this is not a requirement. If you choose to compile a family history, for instance, chances are the people you write about will be largely unknown.

When deciding what to write in a biography, the length will determine how much and what type of information you should include. A short biography will likely consist of basic, general facts, whereas one of several pages will delve into more details and possibly even fully narrate a particularly interesting event.

A biography follows a *chronological order*. The core of a biography is based on *facts*. Even so, a more compelling portrait might also include the author's *opinion* about the person or about an aspect of his/her life. For example:

El músico español Xavier Cugat nació el 1 de enero de 1900 en Cataluña [*fact*].

Después de inmigrar a Cuba en 1905, aprendió a tocar el violín [*fact*], y así empezó la muy emocionante y turbulenta vida de uno de los mejores músicos de la época [*author's opinion*].

PRÁCTICA 1: Vas a escribir una biografía de dos o tres párrafos sobre una persona hispana de renombre. Escoge una de las personas mencionada en la sección **Panorama** de las **Lecciones 1–5** de **Senderos 3**. De la **Lección 5**, por ejemplo, puedes elegir a Óscar Romero, Claribel Alegría, Carlos Roberto Reina o Salvador Moncada.

Una biografía sobre: _____

PRÁCTICA 2: Mientras investigas la persona que elegiste, ten en cuenta (*keep in mind*) las siguientes preguntas.

- ¿Dónde y cuándo nació?

- ¿Qué se sabe acerca de su educación o su profesión?

- ¿Había algún acontecimiento (*event*) que influyó en o cambió la dirección de su vida?

- ¿Por qué es una persona de renombre? ¿Cuáles son sus logros más destacados (*outstanding*)?

- ¿Se murió? (Da detalles.) O si la persona todavía está viva, ¿cómo es su vida actual?

- ¿Por qué escogiste a esta persona? Expresa una o dos opiniones tuyas acerca de ella.

Anota las respuestas a estas preguntas e incluye cualquier otra información que hará que tu biografía sea más interesante y detallada.

_____

_____

_____

_____

_____

_____

_____

_____

_____

Lección 5

PRÁCTICA 3: Escribe el primer borrador de tu biografía, integrando la información que anotaste en la **Práctica 2.** Al leer tu texto, escribe una oración principal y una concluyente que capten la impresión que quieras comunicar sobre la persona. Cuando lo termines, intercambia cuadernos con un(a) compañero/a de clase. Consulta la lista de revisión en las páginas 81–82 para ayudarte a hacer comentarios constructivos sobre el borrador de tu compañero/a. Después, discute los comentarios con él/ella.

_____

_____

_____

_____

_____

_____

_____

_____

_____

_____

_____

_____

_____

_____

_____

_____

_____

_____

_____

_____

_____

_____

_____

_____

_____

_____

_____

_____

_____

_____

_____

PRÁCTICA 4: Ya es hora de escribir la versión final de tu biografía. Puedes hacer los cambios o las correcciones sugeridos por tu compañero/a. Tu biografía debe de ser tan informativa como placentera de leer.

_____

_____

_____

_____

_____

_____

_____

_____

_____

_____

_____

_____

_____

_____

_____

_____

_____

_____

_____

_____

_____

_____

_____

_____

_____

_____

_____

_____

_____

_____

_____

_____

_____

_____

_____

_____

Lección 5

6 **Párrafos sin terminar** Las siguientes oraciones forman el principio de un párrafo. Léelas con cuidado y luego escribe por lo menos cuatro oraciones más, incluyendo una oración concluyente, para crear un párrafo coherente y completo.

1. La consecuencia fue muy seria. De haberlo sabido (*Had he known*), Tomás nunca se habría saltado (*skipped*) la clase de matemáticas.

_____

_____

_____

_____

_____

_____

_____

_____

_____

_____

_____

_____

2. El fuego que destruyó el Club de Teatro el viernes pasado empezó durante el segundo acto de la obra shakesperiana *La comedia de las equivocaciones (The Comedy of Errors).*

_____

_____

_____

_____

_____

_____

_____

_____

_____

_____

_____

_____

3. El nuevo café francés sirve los más sabrosos postres de la ciudad, pero su especialidad son los *éclairs* de chocolate, a los que ningún goloso (*sweet lover*) podrá resistirse.

_____

_____

_____

_____

_____

_____

_____

_____

_____

_____

_____

4. Mis padres dijeron que yo nunca pudiera sobrevivir un fin de semana sin usar mi teléfono.

_____

_____

_____

_____

_____

_____

_____

_____

_____

_____

_____

Lección 6

1   **Oraciones más sofisticadas** A cada oración le falta algo importante: un sujeto claro, un verbo más dinámico y específico o unos detalles que clarifiquen el significado (*meaning*). Vuelve a escribir cada oración para que sea lo más interesante e informativa posible.

1. En el canal 27 ponen un noticiero dos veces al día porque así se hace.

_____

_____

2. Si te quedaras sin empleo, sería malo.

_____

_____

3. Siempre íbamos si podíamos.

_____

_____

4. Fue un huracán destructivo que causó mucha destrucción.

_____

_____

5. Es peligroso nadar en el mar.

_____

_____

6. Renunció a su puesto por el sexismo.

_____

_____

7. ¡Si hubieras pagado la electricidad, eso nunca habría ocurrido!

_____

_____

8. Habían cerrado la fábrica por alguna razón.

_____

_____

2 **El artículo periodístico** Las noticias que lees en una revista o en un periódico, ves en la televisión u oyes en un podcast tienen algo en común: todas intentan contestar **las seis preguntas periodísticas**. Estas preguntas básicas ayudan a cualquier escritor a asegurarse de que su texto esté completo y que el asunto o acontecimiento esté bien explicado. A menudo, los periodistas las contestan todas en el primer párrafo para que los lectores sepan inmediatamente de qué va a tratar el artículo. Estas preguntas son:

- **¿Quién?** (¿Quién lo hizo? ¿Quién está involucrado (*involved*)?)
- **¿Qué?** (¿Qué ocurrió? ¿Qué se discute?)
- **¿Cuándo?** (¿Cuándo ocurrió? ¿Cuándo empezó o terminó?)
- **¿Dónde?** (¿Dónde ocurrió? ¿Hay otros lugares afectados?)
- **¿Por qué?** (¿Por qué existe esta situación?)
- **¿Cómo?** (¿Cómo ocurrió? ¿Cómo se puede describir o entender?)

Cuando escribes sobre una actualidad o un evento histórico, es esencial que contestes todas estas preguntas para producir un texto informativo y preciso.

ETAPA 1: Escribe el primer párrafo de un artículo para un diario disponible (*available*) en tu ciudad o para un periódico digital imaginario. Escoge cualquier tema que sea relevante e interesante. Asegúrate de que contestes las seis preguntas periodísticas en tu párrafo y dirige tu texto a una audiencia general.

_____

_____

_____

_____

_____

_____

_____

_____

_____

_____

_____

_____

_____

_____

_____

_____

_____

ETAPA 2: Cuando lo termines, intercambia cuadernos con un(a) compañero/a de clase. Lee el párrafo periodístico de tu compañero/a y escribe por lo menos seis preguntas que pidan información más detallada y que, según tu opinión, deba ser presentada en los subsiguientes (*remaining*) párrafos del artículo.

Preguntas de tu compañero/a:

_____

_____

_____

_____

_____

_____

_____

_____

_____

_____

_____

_____

Lección 6

3 **Repaso: Introducciones y conclusiones** Cada texto a continuación es el cuerpo de un párrafo. A cada uno le faltan una oración principal y una oración concluyente.

ETAPA 1: Lee los dos textos una vez para captar el significado general.

ETAPA 2: Luego, léelos con más cuidado y escribe las partes que faltan. **¡Atención!** Tienes que escribir dos versiones diferentes de la oración concluyente.

1. Leila vino a los Estados Unidos de Honduras en 1992, una joven de diecinueve años viajando sola. Dejó a sus padres en Tegucigalpa; ellos no querían abandonar a su patria a pesar de la violencia y la pobreza. Esto no era fácil para ella, pero para poder mejorar su vida no había otro remedio. Tenía solamente cien dólares y una maleta chica que contenía dos vestidos y sus documentos. Llegó en la frontera entre México y los Estados Unidos en autobús, entró al nuevo país y a los dos días encontró trabajo como costurera y recamarera°. Compartió una casucha° pequeña con diez otros inmigrantes latinos. Cuando podía, asistía a clases gratuitas para aprender inglés. Trabajó mucho y estudió aún más. En 1997 aprobó el examen de GED y recibió su diploma de secundaria.

costurera y recamarera *seamstress and housekeeper* casucha *rundown house*

A. Escribe una **oración principal** que expresa la idea central de este párrafo.

_____

_____

_____

B. Escribe una **oración concluyente** que resume la idea central de este párrafo en otras palabras.

_____

_____

_____

C. Escribe otra **oración concluyente** alternativa que prediga algo que vaya a pasar en el próximo párrafo de la narración.

_____

_____

_____

Lección 6

2. El primer consejo, a pesar de parecer muy obvio, es que no te acuestes sin que tengas sueño.
    Pasar dos horas en cama sin cerrar los ojos, ABURRIDÍSIMO, no es conducente° a dormirse
    y puede resultar siendo un acto más destructivo que constructivo. También es importante
    establecer un horario fijo para dormir. Si te hace falta levantarte a las seis todos los días, por
    ejemplo, debes seguir el rito de ponerte el pijama, lavarte la boca, etc., y acostarte a la misma
    hora cada noche. Otro consejo es crear un santuario de paz y descanso en tu dormitorio – no
    uses el espacio para mirar la tele, enviar textos, hojear° revistas, ni llevar a cabo ninguna otra
    actividad que estimule tu cerebro. Finalmente, mejor que evites tomar las siestas y la cafeína,
    sobre todo por la tarde.

    conducente *conducive, helpful*   hojear *page through*

    A.   Escribe una **oración principal** que exprese la idea central de este párrafo.

    _____

    _____

    _____

    B.   Escribe una **oración concluyente** que resuma la idea central de este párrafo en otras palabras.

    _____

    _____

    _____

    C.   Escribe otra **oración concluyente** alternativa con un tono muy informal, hasta chistoso, pero
    que redondee (*wraps up*) el párrafo.

    _____

    _____

    _____

4 **Estrategia: Cómo mantener la coherencia en el párrafo** *Maintaining the focus* of your paragraph means that all of the information you include supports or gives examples of the main idea expressed in the *topic sentence*. That sounds easy enough, but when you begin drafting and get on a roll, you might write a sentence or two that sound like they fit in, but in reality they stray from the main idea of the paragraph. For example, if your topic sentence were:

En nuestra ciudad hay tres museos excelentes que atraen a muchos visitantes cada año.

you would expect the rest of the paragraph to mention which three museums you were talking about and one or two reasons why each attracts visitors. But, while you were writing, maybe you thought back to your last trip to one of those museums, and you added:

Pero siempre llueve cuando voy a este museo, y por eso es imposible apreciar las esculturas en el jardín.

You can see how that idea is somewhat related to the main idea, but it just doesn't fit with what your topic sentence indicates the paragraph will be about.

It can be hard to reread a paragraph that you've written and then realize that a certain sentence does not fit in—it just doesn't relate directly to the main idea of the paragraph or contribute to your message. At that point, even if it's the best sentence you've ever written (EVER!), you have to either cut it or rewrite it in a way that makes it suitable for the paragraph:

Este museo exhibe una colección de esculturas exquisitas en el jardín, y por eso es aconsejable que Ud. lo visite cuando haga buen tiempo.

PRÁCTICA 1: Lee cada párrafo y subraya las oraciones que no apoyan directamente la idea central.

1. ### ¿Los siete continentes?

¿Cuántos continentes hay en el mundo? Debe ser una respuesta simple, pero el número que Ud. identifica dependerá de dónde Ud. vive. En los Estados Unidos, los estudiantes suelen aprender que hay siete continentes: Norteamérica, Suramérica, Europa, África, Asia, Australia y la Antártida. El término *Oceanía* se refiere a un grupo de países y territorios insulares en el Océano Pacífico, junto con el continente de Australia. En la Europa occidental, en cambio, los estudiantes aprenden que hay seis continentes. Según su punto de vista, Norteamérica y Suramérica forman un solo continente que llaman las Américas. Panamá, en el extremo sur de Norteamérica, sirve de "puente" para unificar los dos continentes. El número sigue cambiando cuando se le pregunta a científicos e investigadores de diferentes campos de estudio, como la geología y la etnografía. Algunos de ellos combinan Europa y Asia en un continente, Eurasia, mientras hay otros que consideran Afro-Eurasia un "súper continente", hecho que baja el número a un total de cuatro. Por eso, lo que parece ser una pregunta fácil puede tener varias respuestas correctas dependiendo de a quién Ud. se la haga.

2.

Viajar entre Roma y París

Para los turistas y los estudiantes que quieran viajar entre Roma y París hay tres buenas opciones. El camino más rápido, claro, es viajar por avión, y el vuelo tarda solamente un poco más de dos horas. Pero volar entre estas dos ciudades puede resultar un poco caro a menos que Ud. encuentre una línea aérea con ofertas especiales o descuentos estacionales. La segunda manera es viajar en tren, que es la más popular entre los turistas porque les permite pasar el tiempo relajándose y viendo los bellos paisajes italianos y franceses. De hecho, Roma y París son visitadas cada año por millones de turistas de todas partes del mundo. El costo de un billete de tren no es muy caro, y los trenes ofrecen un servicio fiable y puntual... ¡si no le molesta pasar casi 14 horas en un coche de pasajeros! Finalmente, aquellas personas que cuidan sus céntimos (*pennies*) eligen tomar el autobús, la más barata de las tres opciones. El viaje en autobús dura unas 22 horas, así que no es para todos. Generalmente, los autobuses son eficientes y no consumen mucho petróleo. Con una buena planeación y con un poco de investigación, Ud. podrá viajar cómoda y económicamente entre estas dos populares ciudades.

PRÁCTICA 2: Lee cada oración principal. Luego, escribe una oración que apoye la idea central del párrafo (**oración A**) y otra que esté relacionada pero que no tenga sentido en ese párrafo (**oración B**). Usa los ejemplos dados en los textos de arriba como modelo.

1. Aunque yo esperaba impacientemente el estreno (*premiere*) de *El asesino en ruedas 2* (*Assassin on Wheels 2*), esta película es en realidad un desastre total.

   A. _____
   _____
   _____

   B. _____
   _____
   _____

2. Cada vez que Yolanda sale de vacaciones, siempre comete los errores más graves que los viajeros deben evitar.

   A. _____
   _____
   _____

   B. _____
   _____
   _____

Lección 6

3. Desgraciadamente, mis padres siguen siendo muy estrictos aunque ya tengo diecisiete años.

   A. _____

   _____

   _____

   B. _____

   _____

   _____

4. La maestra nos decía a menudo que hiciéramos la tarea todas las noches, pero el estudiante sagaz (*wise*) sabe que el hacer la tarea es solamente una pieza del rompecabezas (*puzzle*) en cuanto a tener éxito en la secundaria.

   A. _____

   _____

   _____

   B. _____

   _____

   _____

5. Para conocerte a ti mismo, es importante saber la historia del lugar donde provienes.

   A. _____

   _____

   _____

   B. _____

   _____

   _____

Listas de revisión

Peer-Review Checklist The purpose of a peer review is to give your partner feedback about the style and content of his/her writing. Use the following tips and questions as a guide. Also consult the **Writing Checklist** below to help you read more critically.

✓ Read what your classmate has written once to get the gist. Think about what you read, and then read it a second time before you make comments.

✓ Make your comments and suggestions specific and try to write them in Spanish. General comments like **"Me gusta mucho tu párrafo"** are nice to receive, but they aren't helpful in improving specifics. Offer comments like the following:

- **La parte que más me interesa es ___ porque ___.**
- **La descripción de ___ es muy vívida.**
- **No comprendo bien la parte donde ___. ¿La puedes clarificar?**
- **Una sugerencia que te puedo ofrecer para mejorar tu párrafo es ___.**

✓ After reading the entire paragraph, do you think the introductory (topic) sentence clearly states what it is about? Does the concluding sentence bring the paragraph to a clear ending?

✓ If your classmate has expressed an opinion that needs to be supported, is there clear, verifiable support offered?

✓ Is there any information in the paragraph that does not fit the topic? Point it out.

✓ Is there any key information that is missing from the paragraph? Point it out.

✓ Does something about the draft confuse you? If so, what is unclear or hard to understand?

Writing Checklist When you read the final version of your work, check for the following.

✓ Does every sentence include a subject, a verb, and enough additional information to make sense?

✓ Are your sentences descriptive and informative? Have you used adjectives, adverbs, prepositional phrases, and relative pronouns to add details? Have you avoided vague words and inconsistencies that might confuse your readers?

✓ Does your paragraph have a clearly stated topic sentence that lets readers know what the paragraph will be about?

✓ Is your paragraph well organized? Does it present your information in a logical way that readers can easily follow?

✓ Does each sentence in the body of the paragraph support the main idea expressed in the topic sentence? Have you deleted or rewritten any sentences that go off topic?

✓ Have you used facts where appropriate? Do you express and support your opinions clearly?

✓ Does your paragraph have a strong concluding sentence? (See the list on page 35 of this workbook.)

✓ Do articles and adjectives agree in gender and number with the nouns they modify? Do all verbs agree in number with their subjects?

Lección 6

✓ Are all words spelled correctly, including the use of written accents? Is capitalization correct?

✓ Have you used the following grammatical structures correctly?

- Forms of the subjunctive

- The present perfect and past perfect

- The future tenses and conditional tenses

- Si clauses